Ralph Ruthe, Jahrgang 1972,
ist Autor, Musiker und Cartoonist.
Seit vielen Jahren gehört er zu den
beliebtesten Künstlern des MAD-
Magazins.

Seine mehrfach preisgekrönte
Cartoon-Serie **SHIT HAPPENS!**
erscheint in vielen Magazinen
und Tageszeitungen und als sehr
erfolgreiche Buchreihe im In- und
Ausland.

Mehr über, von und mit Ralph Ruthe
gibt es auf seiner regelmäßig aktua-
lisierten Homepage **www.ruthe.de.**

SHIT HAPPENS!
- DAS BUCH DER LIEBE -
1 2 3 4   11 10 09 08
© CARLSEN VERLAG GMBH / RALPH RUTHE · HAMBURG 2008
ORIGINALAUSGABE
REDAKTION: ANTJE HAUBNER
HERSTELLUNG: CONSTANZE HINZ, ANIMAGIC BIELEFELD
DRUCK UND BUCHBINDERISCHE VERARBEITUNG:
HIMMER AG, AUGSBURG
ALLE DEUTSCHEN RECHTE VORBEHALTEN
ISBN: 978-3-551-68055-8
PRINTED IN GERMANY

WWW.RUTHE.DE
JEDE WOCHE EIN FRISCHER CARTOON! JETZT ABONNIEREN UNTER
WWW.CARLSENCARTOON.DE
RUTHE WIRD GESPONSERT VON WWW.STAEDTLER.DE UND WWW.COPIC.DE

RALPH RUTHE
SHIT HAPPENS!
DAS BUCH DER LIEBE